NOTES

sur

VOLVIC ET LES CARRIÈRES.

NOTES

SUR

VOLVIC ET LES CARRIÈRES

PAR

FERDINAND CAVENNE.

THIERS,
IMPRIMERIE ET LITHOGRAPHIE DE CUISSAC.

1861.

NOTES

SUR

VOLVIC ET LES CARRIÈRES.

Depuis quelques années, les esprits se tournent volontiers en France, vers l'étude spéciale des communes ou des localités importantes, soit par leur commerce ou leur industrie, soit à cause des ressources que la nature y a placées. Chaque jour la statistique réunit de nombreux documents, et prépare ainsi l'histoire de sa richesse générale.

Parmi les communes du département du Puy-de-Dôme, qui méritent le plus sous ce rapport de fixer l'attention, nous pouvons citer celle de Volvic. Non seulement elle a acquis par l'agriculture tous les éléments du bien-être, la nature l'a dotée encore d'une source puissante de fortune; ce sont les carrières de lave.

Un grand nombre d'auteurs ont écrit sur l'Auvergne, et l'ont considérée sous divers points de vue. Nous ne pensons pas cependant que Volvic ait été compris d'une manière particulière dans aucun de ces travaux. Les géologues et les naturalistes en ont parlé, parce qu'ils ne pouvaient se dispenser d'en parler; c'était une matière inhérente à leurs recherches, et parmi eux nous citerons MM. Dolomieu, Ramond, de Montlosier, Brongniart, Cordier, Lecoq et Bouillet. L'abbé Ordinaire, dans une statistique manuscrite du Puy-de-Dôme, qui date de 1806; M. Gonod, dans un ouvrage du même genre, publié dans le cours de l'année 1834, ont dit quelques mots de Volvic, envisagé sous son aspect industriel; mais on ne trouve dans ces auteurs, nulle donnée qui puisse faire apprécier l'importance réelle de cette commune.

Nous n'espérons pas combler cette lacune; notre seule intention est de mettre au jour quelques faits intéressants ou peu connus, peut-être même d'attirer sur ces pages l'attention d'un observateur plus compétent qui les complétera.

Il nous suffira donc de dire rapidement ce qu'est aujourd'hui Volvic, de parler de ses habitants, de leur caractère, de leur principale industrie, qui est l'extraction de la lave, tout en donnant à ce sujet quelques détails historiques et statistiques, de former enfin quelques vœux pour l'avenir.

CHAPITRE Ier.

VOLVIC, SES DIVERS RÉGIMES ADMINISTRATIFS, SITUATION
ET NOTIONS GÉOLOGIQUES.
HABITANTS, CARACTÈRE, SITUATION GÉNÉRALE DU PAYS,
POPULATION.
INDUSTRIE ET COMMERCE, AGRICULTURE.

—∘∘∘⊃⨯⊂∘∘∘—

I.

Volvic, chef-lieu de la commune du même nom, canton et arrondissement de Riom, département du Puy-de-Dôme, est placé dans une assez belle position, au pied d'un puy, dit de la Bannière, et dépendant de la chaîne des Dômes.

A ses pieds s'étend la Limagne, avec ses villages nombreux, sa riche culture, sa population active et laborieuse.

Nous ne rechercherons pas l'origine de cette petite ville, qui est déjà fort ancienne. Disons quelques mots seulement de la situation administrative de la commune sous divers régimes, et des rapports qu'elle avait autrefois avec les sires de Tournoël, ses voisins.

Comme Riom, Volvic était, au moyen âge et dans les temps modernes, essentiellement dévoué à la royauté; ce fut ainsi qu'il obtint les droits de commune et de consulat. En 1616, lors de la division du royaume par Richelieu en 31 généralités ou intendances, Volvic était une collecte dépendant de la subdélégation et généralité de Riom. Cet état de choses subsista jusqu'à la révolution. Par un édit du mois de juin 1787, Louis XVI établit trois sortes d'assemblées, celles municipales, celles d'élection, et enfin l'assemblée provinciale, qui avait tous pouvoirs pour gérer les affaires de la province.

L'Auvergne fut partagée en sept élections, qui se subdivisèrent elles-mêmes en arrondissements, et Volvic fit partie de l'élection et arrondissement de Riom.

Un édit du mois de janvier 1790 vint changer cette division. La France fut répartie en 85 départements, les départements en districts, ces derniers en cantons, et enfin les cantons en collectes. Le Puy-de-Dôme eut huit districts. Volvic fit partie du district de Riom, mais il fut érigé en canton, et comprit six collectes :

Charbonnières-les-Varennes ;

Crouzol et villages ;

Loubeyrat ;

Saint-Coust et Châtelguyon.

Saint-Genès-l'Enfant ;

Saint-Hippolyte et Apchon (1).

Un décret de l'assemblée nationale établit en 1790, dans chaque département, une assemblée administrative. M. Conchon, électeur de Volvic, fit, en 1791, partie de cette assemblée.

La constitution du 24 juin 1793 mit fin à l'administration des districts. Volvic redevint simple commune, et la loi du 28 pluviôse an VIII, à laquelle nous devons notre régime actuel, a confirmé cet état de choses.

(1) Michel Cohendy, *Systèmes administratifs de l'Auvergne.*

Volvic était en lutte perpétuelle avec les sires de Tournoël ou Tournoille, ses puissants voisins, dont le château s'élève encore à 1,200 mètres environ de distance du bourg, à une hauteur de plus de 600 mètres au-dessus du niveau de la mer.

Ce château, dont quelques parties paraissent remonter au neuvième siècle, fut, nous apprend M. Gonod dans la Notice publiée à ce sujet, donné en 1213 par Philippe-Auguste à Guy de Dampierre. Il passa successivement dans les maisons de la Roche, d'Albon de St-André, d'Apchon, de Montvallat et de Naucaze. Godefroy de Naucaze et Elisabeth, sa sœur, marquise de St-Chamarant, le vendirent en 1766 à Guillaume-Michel de Chabrol, le célèbre auteur des *Coutumes d'Auvergne*, et à Marguerite de Milanges, sa femme. Il est possédé aujourd'hui par ses descendants.

Le vicomte de Tournoël, l'un des plus importants d'Auvergne, ne devait hommage qu'aux chanoines de Clermont pour les terres qui en dépendaient, et qui se trouvaient situées dans la paroisse de Nohanent. Les sires de Tournoël n'avaient pas cependant, et à leur grand regret, contre les habitants du bourg, le droit de corvée personnelle. Ces derniers avaient souvent à se défendre par la force contre les gens armés du château. Même en 1768, M. de Chabrol, le nouveau possesseur, voulut prétendre à ce droit de corvée, ainsi qu'au triage des communaux du Chancel et des Granges. Les syndics de Volvic firent une vive opposition; des mémoires furent publiés de part et d'autre, mémoires qui se trouvent à la Bibliothèque de la ville de Clermont, et les habitants s'appuyèrent sur ce fait important, c'est que, par une délibération du 1er novembre 1659, ils avaient autorisé le sieur Chaduc à élever une maison dans le communal du Chancel, dont ils étaient seuls propriétaires.

La révolution a effacé toutes ces haines. L'antique manoir voit crouler chaque jour quelques-uns de ses créneaux. Une belle habitation, le château de Crouzol, a été construite à ses pieds, et les héritiers de ces puissants seigneurs, la terreur autrefois du pays, en sont aujourd'hui la Providence.

Malgré une assez grande importance, le Volvic actuel est loin d'être beau. Les maisons ne présentent en général qu'un bizarre assemblage de portes et de fenêtres, percées au hasard, sans nul souci des règles de l'art. Elles sont petites, sombres, privées de cours et de jardins. L'église, qui tombe en ruines, n'a de remarquable que les colonnes qui supportent le chœur et qui sont classées au nombre des monuments historiques. Sur la place cependant s'élève, depuis quelques années, une croix de mission en lave de Volvic, qui fait honneur au talent de MM. Channeboux père et fils, enfants du pays. Signalons encore la belle propriété de Beauredon, située à l'entrée du village, et dont le jardin a été tracé sur les dessins de Le Nôtre.

Volvic, nous l'avons déjà dit, est placé au bas de montagnes qui ceignent d'un côté la Limagne, au pied de la chaîne des Dômes.

Comme tous les monts d'Auvergne, cette chaîne se compose d'anciens volcans qui ont projeté leur lave sur une grande étendue. Volvic est donc bâti sur un courant de lave noire, non taillable, qui prend naissance un peu au-dessus de Volvic, pour s'étendre ensuite dans la plaine, jusqu'à Saint-Genès-l'Enfant. A droite, sur la route de Riom à Volvic, s'élève le puy de la Bannière : c'est un volcan moderne. La lave en est compacte, le péridot et le pyroxène y dominent. On y trouve quantité de scories rouges, brunes ou noires, du granite fritté en grosses masses, ainsi que des pouzzolanes rouges qu'on pourrait facilement utiliser. Sous le château de Tournoël naît un filon de kaolin ou de gneiss décomposé. On a extrait de la marne d'une montagne voisine, celle de Marcoin, qui est à base calcaire, et dont le sommet est basaltique. Cette montagne présente en outre un grand nombre d'ossements fossiles de petites espèces (1).

Bien au-dessus de Volvic, à une distance d'environ six kilomètres, près de la route de Volvic à Pontgibaud, on trouve le puy de la Nugère, qui a donné naissance à cette grande coulée de lave, exploitée depuis le treizième siècle, et qui depuis cette époque a été une source de richesse pour Volvic et les villages environnants.

Le puy de la Nugère est un volcan moderne, offrant un cratère ovale, très-profond, et plusieurs cratères latéraux plus petits d'où s'échappe la coulée.

Cette lave à laquelle M. Brongniart a donné le nom de *téphrine pavimenteuse*, est une lave blanche ou grise, taillable, de nature feldspathique, et par conséquent toute différente de celle sur laquelle est bâti le village de Volvic. Cette dernière sort cependant de dessous la coulée produite par le puy de la Nugère. Ce puy a-t-il donné deux coulées, ce qui serait un cas fort rare en Auvergne? Le puy de la Bannière aurait-il, au contraire, donné naissance à la lave du village de Volvic? Nous ne pensons pas que la science ait encore prononcé.

Quoi qu'il en soit, voici la description que faisait du puy de la Nugère, au commencement de ce siècle, un voyageur allemand, de Buck, dans des lettres inédites sur l'Auvergne, traduites par Mme de Kleinschrod, et publiées pour la première fois dans les *Annales scientifiques de l'Auvergne*.

« Le cratère immensément grand n'est pas parfait; il
» est ouvert au nord. Un grand entassement de scories
» s'élève devant cette ouverture. La lave ne se répand
» que de son pied. Une coulée semblable sort du pied
» d'un cône de scories plus éloigné. Toutes deux se
» réunissent dans son voisinage, et couvrent la plaine à

(1) Ces détails ont été puisés en partie dans les savants ouvrages de MM. Lecoq et Bouillet.

» l'entour. Du haut du puy de la Nugère, nous pouvons à
» peine embrasser sa largeur de nos regards. C'est un
» tableau de la vallée de l'Enfer (valle del Inferno), près
» du Vésuve, dans laquelle se sont répandues laves sur
» laves depuis des centaines de siècles. »

Dans un mémoire lu à l'Institut, le 7 août 1815, le baron Ramond a indiqué la hauteur absolue, c'est-à-dire au-dessus du niveau de la mer, de quatre cents lieux différents du globe. Voici celles relatives à notre sujet :

  Puy de la Nugère. . . . . . 1,001 mètres.
  Puy de la Bannière. . . . . 738 id.
  Volvic, place de l'Eglise . . 514 id.

Ces hauteurs doivent être rectifiées, la hauteur qui a servi de base à Ramond, étant supérieure de cinq mètres à celle de l'Observatoire de Paris.

Riom, d'après l'annuaire du bureau des longitudes, est à 357 mètres (hauteur prise du pied de l'église Saint-Amable).

II.

Les mœurs, le caractère général de la population, varient ordinairement avec chaque province, chaque département, je dirai plus, avec chaque ville, chaque commune. Ces différences ne sont pas, il est vrai, toujours très-marquées. Les tendances innées à la nature humaine, subissent néanmoins l'influence du milieu dans lequel elles se produisent. L'homme est souvent ce que le font les circonstances. C'est ce qui est arrivé pour la commune de Volvic.

Placé dans une contrée aride, sur un sol privé de terre végétale, au milieu de monceaux de lave, l'habitant de Volvic a dû demander au travail, la fertilité relative dont il jouit. Bien plus, il a su trouver dans ces obstacles que lui opposait la nature, une source inépuisable de bien-être.

La population est donc une population de travailleurs. De cinq heures du matin à huit heures du soir, en été, les hommes travaillent soit aux champs, soit aux carrières, soit enfin aux ateliers. Les femmes restent dans leur demeure et s'occupent exclusivement des travaux du ménage. Mais à côté de cette grande vertu, le travail, viennent se placer bien des travers.

Le contact continuel des habitants avec ceux des villes, a peu adouci leur rudesse native. Fort économes, ils poussent très-loin la défiance, et ne voient d'autre mérite que le rang et la fortune. Processifs au plus haut degré, ils sacrifieront volontiers à un mauvais procès une forte partie de leur avoir, et la justice de paix de Riom n'est pas, grâce à eux, une sinécure.

La population est en générale forte et vigoureuse. On y remarque cependant un grand nombre d'hommes de petite taille. Cela tient, selon nous, à un travail trop hâtif. A peine les jeunes gens ont-ils la force de soulever un marteau, qu'on les envoie immédiatement aux carrières. Leur croissance est arrêtée tout à coup, les membres se fortifient par le travail, sans avoir atteint un complet développement. L'homme primitif s'efface insensiblement pour faire place à l'homme fort encore et robuste, mais au grand détriment de sa beauté physique.

La nécessité, nous le savons, est souvent cause de ce travail prématuré. Les parents attendent avec impatience le moment où leurs enfants les aideront à supporter les charges de la famille; mais en est-il toujours ainsi ? Un intérêt blâmable surtout en présence des maux qu'il peut causer, ne porte-t-il pas bien des fois les pères à exiger de leurs fils, un travail qu'ils ne peuvent accomplir sans danger?

La mortalité est faible dans cette commune ; elle serait plus faible encore si les médecins étaient appelés au début des maladies (je parle pour les hameaux environnants) ; bien des hommes meurent dans toute la force de l'âge, alors que les secours de la médecine les auraient guéris en quelques jours. Mais rien ne peut agir contre l'entêtement des habitants ou plutôt contre leur intérêt sordide.

Volvic prouve une fois de plus que le travail serait le seul remède à opposer au paupérisme, et qu'il doit toujours y avoir des pauvres, car tous les hommes ne possèdent pas également l'amour du travail. Dix nécessiteux seulement reçoivent des secours de la commune. Ce nombre pourrait varier, mais il n'atteindrait dans aucun cas un chiffre bien élevé ; les habitants trouvent tous dans le travail des moyens d'existence suffisants.

III.

Depuis le commencement de ce siècle, la population de Volvic a subi une progression ascendante. Voici les chiffres fournis par les trois derniers recensements, et ceux indiqués dans les statistiques de l'abbé Ordinaire et de M. Gonod.

Années.	Habitants.
1806	2,545
1854	5,032
1846	5,403
1851	5,404
1856	5,465

Au mois de mars 1860, la liste électorale de cette commune comprenait 1,060 électeurs, répartis entre les diverses professions de la manière suivante :

    602 tailleurs de pierres.
    315 cultivateurs.
    15 tisserands.
    15 domestiques.
    5 sculpteurs.
    108 professions diverses, rentiers, fonctionnaires, etc,

Total égal 1,060.

IV.

La commune de Volvic, sans être très-fertile, trouve dans la culture tous les produits nécessaires à son alimentation.

La vigne donne un vin de qualité inférieure, mais en assez grande abondance. Les blés y sont beaux. Tous les fruits en général y viennent à maturité. De nombreuses prairies fournissent une grande quantité de foin. Cependant l'exportation est presque nulle; quelques fruits seuls sont dirigés sur Paris. Quant aux fourrages, ils sont consommés en grande partie dans le pays, qui renferme un nombre très-considérable de bêtes à cornes. Elles sont à peu près seules employées, soit pour le labour, soit pour le transport.

Cette abondance de bestiaux date du reste déjà de longues années, car dans le mémoire des syndics de

Volvic, que nous avons déjà cité, sur le triage des communaux, les chiffres suivants étaient indiqués.

72 paires de vaches arantes.
95 vaches laitières.
25 chevaux.

En totalité 262 bêtes. Et dans ce nombre n'étaient pas comprises les bêtes dépendant de l'exploitation des grands domaines des Rattiers, du Vivet et de Crouzol.

Le commerce est peu important. Le village reçoit néanmoins un peu d'animation des voitures qui conduisent le charbon aux mines de Pontgibaud et des chars qui descendent des carrières.

Il n'y a d'industrie importante que celle de la pierre ; c'est la seule dont nous nous occuperons.

CHAPITRE II.

LES CARRIÈRES, LAVE, NATURE ET USAGE, EXTRACTION. OUVRIERS ET MAITRES OUVRIERS, JOURNÉES, PRODUCTION.

I.

Si l'ensemble de la coulée, vue d'une certaine hauteur, présente un aspect imposant, les carrières en particulier n'ont rien de remarquable. Ce sont un grand nombre de trouées plus ou moins vastes, complètement indépendantes les unes des autres, faites dans la lave à ciel ouvert, et exploitées par autant de propriétaires.

La carrière est abandonnée, soit après complet épuisement, soit lorsque la lave devient d'une qualité trop inférieure. La mousse et les autres plantes parasites viennent alors en tapisser les parois, et les framboisiers sauvages croissent dans les interstices de la pierre. L'extraction se faisait autrefois comme celle des mines, au moyen de souterrains. On en trouve de très-vastes sous la partie des carrières appelée la Grande-Cheyre ; mais ce mode a été abandonné depuis longtemps. L'extraction à ciel ouvert est plus facile et plus complète, la légende seule y perd quelques récits émouvants.

Le prix des carrières varie avec la position. Quelques-unes, placées le long de la route de Riom à Pontgibaud, atteignent un prix assez élevé. D'autres, situées loin de toute voie de communication, sont peu recherchées. Il est donc difficile de fixer un chiffre certain. Elles se vendent cependant de trois à six mille francs l'hectare.

La lave de Volvic, nous l'avons déjà dit, est une lave cellulaire, de couleur grise. Selon M. Lecoq, « elle ne » renferme pas de fer oligiste, mais quelquefois un peu » de fer titanialé, beaucoup de pyroxène et de péridot ; » enfin elle se rapproche tellement du véritable basalte, » qu'il est impossible de l'en distinguer par des caractères » minéralogiques. »

Elle pèse environ 2,150 kilogrammes le mètre cube, c'est-à-dire cinq cent cinquante kilogrammes de moins que la lave du Mont-Dore.

Les usages de la lave sont très-nombreux. L'un des directeurs de l'école d'architecture de Volvic, M. Roger, a publié une brochure intéressante sur l'emploi des produits volcaniques dans les arts, dans laquelle il énumérait particulièrement ceux relatifs à la lave de Volvic.

Elle a servi depuis plusieurs siècles à la construction de nos édifices et de nos maisons d'habitation. La cathédrale de Clermont, fondée vers 1248 par l'évêque Hugues de la Tour, répond victorieusement à toutes les objections qui pourraient s'élever contre son emploi. Sa teinte un peu sombre peut-être pour les maisons particulières, est un mérite de plus dans un édifice public, surtout dans une église ; elle n'est pas altérée par les ans : on croirait que les colonnes de notre basilique ont reçu hier seulement le dernier coup de ciseau.

La dureté de la lave permet de l'employer pour les trottoirs, les conduits d'eau. La sculpture d'ornement s'en sert avec un grand succès pour la façade des édifices, pour les tombeaux, pour tous les monuments en général. Il n'en est pas de même de la statuaire. Le marbre et la pierre dite statuaire lui sont préférés avec raison. En remplissant les interstices de la lave au moyen de ciments colorés par des oxydes métalliques, on forme de jolis pavés d'intérieur. Le chimiste Darcet, en ajoutant neuf pour cent de soude, l'a mise en fusion et en a fait un beau verre de bouteille.

Le comte de Chabrol de Volvic-Chameane, ancien préfet de la Seine, et dont l'éloge vient d'être récemment prononcé par M. Passy, a, pendant son administration, fait de grands efforts pour propager l'emploi de la lave. Elle fut utilisée à Paris, à partir des trottoirs de plusieurs rues jusqu'aux vasques de la fontaine de la place Royale. Cet essai donna des résultats peu satisfaisants. La pierre, complètement usée en certains endroits, avait résisté parfaitement en d'autres. Ce défaut tenait seulement au mauvais choix des matériaux; on eut le tort de le croire général, et l'administration n'alla pas plus loin.

Le comte de Chabrol avait lui-même inventé un émail d'une grande solidité, qui s'appliquait sur la pierre, et pris pour cette découverte un brevet d'invention. On pouvait peindre ainsi sur pierre comme sur la porcelaine, dont on employait à peu de chose près les couleurs, et plusieurs tableaux de ce genre furent exposés en 1825 et 1826, dans les salons de l'industrie, au Louvre, par M. Mortelèque. C'était une tête de vieillard et un paysage copié sur une sépia de M. Ballard, appartenant au comte de Chabrol. On reprochait à cet emploi de la pierre des gerçures assez apparentes dans les tons les plus clairs. Ce désavantage était compensé. « Les couleurs, dit un » journal artistique de l'époque, conservent sur la pierre » tout leur éclat, elles y perdent en grande partie ce » luisant fort nuisible à l'illusion dans les peintures sur » émail et sur porcelaine. »

Nous ne pensons pas qu'on ait donné suite à cette découverte.

L'extraction de la lave s'opère rarement avec la mine. On se sert ordinairement de coins, que l'on enfonce au moyen du maillet. La cassure est plus régulière par ce procédé, et les tailleurs de pierre obtiennent plus facilement ainsi des blocs à leur convenance. On emploie la mine lorsqu'il se présente des rochers ou des parties de lave qu'il serait impossible ou trop dispendieux d'extraire autrement. La pierre, soulevée avec des leviers, est placée sur des cordes, puis enlevée hors de la carrière par des pieds-de-chèvre ou des grues de systèmes différents. On la dépose alors dans les chantiers qui entourent la carrière, ou on la conduit à sa destination.

Tous les blocs extraits ne peuvent pas être indifféremment employés. La qualité en est assez variable. La taille fait souvent découvrir des nodosités auxquelles les habitants donnent le nom de *chenillards*, et la pierre a d'autant plus de valeur qu'elle présente un plus grand volume exempt de défauts.

II.

M. Gonod, dans sa statistique, évaluait à 300 le nombre d'ouvriers employés aux carrières. M. Bouillet, dans son *Dictionnaire universel d'histoire et de géographie*, le porte à 2,000. Ces deux nombres s'écartent également de la vérité. Le chiffre des hommes occupés par les carrières, en y comprenant : 1° ceux de la commune de Charbonnières ; 2° ceux n'ayant pas encore atteint leur majorité et ne se trouvant, par conséquent, portés sur aucune liste, s'élève de 1,100 à 1,200 environ.

Ceux d'entre eux qui travaillent pour leur propre compte, et emploient un petit nombre d'ouvriers, sont nombreux. On peut les estimer à 150 environ.

Les ouvriers se divisent en trois classes. Les carriers, appelés dans le pays *tireurs*, les tailleurs et les sculpteurs.

Le prix maximum des journées varie de 2 fr. 50 c. à 3 fr. 50 c. pour les tireurs et les tailleurs de pierre, et de 3 à 4 fr. pour les sculpteurs.

La pierre est taillée soit dans les ateliers situés autour des carrières, soit dans ceux qui se trouvent placés à l'entrée du village, le long de la route de Riom à Volvic.

Il est difficile d'indiquer au juste quelle peut être la production de la pierre. Nous ne pensons pas cependant nous tromper en la portant, d'après de nombreux renseignements, à 32,000 mètres cubes par an; représentant une valeur de 1,280,000 fr. Dans ce chiffre, la consommation de la seule ville de Clermont entre environ pour un dixième. Le mètre cube de pierre taillée coûte sur les lieux 40 fr. Dans ce prix, la taille seule revient à 18 fr.

Le chiffre de 1,280,000 fr. se répartirait donc de la manière suivante :

704,000 fr., pierre brute.
576,000 fr., main-d'œuvre.

Total égal... 1,280,000 fr.

La lave revient à Clermont à 54 fr. le mètre cube.

22 fr., matière brute.
18 » main-d'œuvre.
14 » transport.

Total... 54 fr.

Le prix de la taille varie d'ailleurs avec la difficulté et la nature du travail. Souvent il est fixé à forfait.

CHAPITRE III.

ÉCOLE D'ARCHITECTURE.

Le comte de Chabrol ne voulut pas seulement rendre service à la commune de Volvic par son influence et par ses travaux personnels ; il songeait à l'avenir, et il avait compris que le seul moyen de le faire brillant et durable, c'était de répandre l'instruction parmi ses habitants. Que ne pouvait-on pas en effet espérer d'une population intelligente, mais demeurée jusqu'alors dans la plus complète ignorance, alors qu'unissant la théorie et l'art à une pratique rarement raisonnée, elle pouvait devenir une colonie, non plus seulement de tailleurs de pierres, mais de sculpteurs et d'artistes.

Ce fut en 1820, que M. de Chabrol établit à Volvic une école pratique d'architecture. Tous les jeunes gens âgés de dix ans au moins, et de vingt ans au plus, nés ou domiciliés dans la commune, étaient admis à suivre gratuitement les cours. Les étrangers pouvaient user de cette faculté, moyennant une rétribution de six francs par mois. Cette école ne recevait que des externes, et quatre heures par jour étaient destinées à l'étude. L'enseignement était parfaitement approprié au but que l'on se proposait d'atteindre. Les élèves, qui dès leur admission devaient savoir lire, écrire et connaître les quatre règles de l'arithémique, recevaient en outre des leçons d'architecture, de sculpture, de coupe de pierres et de dessin. Voici quelles étaient les subdivisions de ce cours, telles que les indique un programme arrêté le 31 octobre 1825, et approuvé par le préfet du Puy-de-Dôme, M. d'Allonville.

« Article quatre. — Les subdivisions du cours annuel
» s'appliquent à la sculpture, à la coupe des pierres, à la
» maçonnerie, à la charpenterie, au dessin d'après la
» bosse, l'ornement et le trait, à la mise au point et au
» lavis des plans. Les élèves passeront de là dans les
» ateliers pour faire l'application de ces subdivisions sur
» les divers matériaux qui leur seront donnés. »

Tout à la fois pratique et théorique, un tel enseignement, disons-nous, devait produire ses fruits. Aussi dès l'origine put-on concevoir de grandes espérances. M. Adolphe Blanqui, qui visita l'école à cette époque, s'exprime ainsi dans quelques pages écrites sur le centre de la France, et reproduites dans les *Annales scientifiques de l'Auvergne*.

« Au reste, le public parisien sera bientôt appelé à
» juger les œuvres des élèves sculpteurs de l'école de
» Volvic. Le monument du prince Lebrun doit partir
» incessamment pour la capitale où il sera élevé au cime-
» tière du Père-Lachaise.

» Il a été exécuté en grande partie par deux apprentis,
» d'après les plâtres envoyés de Paris, et il se compose
» de quatre grands bas-reliefs allégoriques, de sept à
» huit pieds de base, sur cinq ou six de hauteur. Les
» personnages y sont à peu près de grandeur naturelle.
» On verra ce qu'on peut espérer en France d'une popu-
» lation dont sept à huit enfants, pris au hasard dans un
» village ou sous les chaumières, ont exécuté avec tant
» de soin une aussi belle composition. »

Qu'il nous soit permis de dire à ce sujet quelques mots de l'un de ces apprentis dont parlait M. Blanqui. Bien des années se sont écoulées depuis l'époque de cette relation, et M. Channeboux père a tenu ce qu'il promettait à ses débuts. Laborieux et modeste, il est demeuré cependant presque complètement inconnu au milieu de nous. Nulle distinction n'est venue le chercher : il s'est contenté de travailler sans relâche, et d'orner de son ciseau bon nombre de nos édifices. M. Channeboux n'est pas un maître, c'est un ouvrier, et là est, selon nous, son plus beau titre. On peut découvrir bien des inégalités dans ses œuvres, les règles de l'art ne sont pas toujours observées; mais on ne peut lui refuser une grande sûreté de main, une expression souvent heureuse : il a deviné ce qu'il ne lui avait pas été donné d'apprendre.

Depuis trente-cinq ans, M. Channeboux a concouru à la construction de la majeure partie de nos églises et de nos monuments. Architecture, ornement, statuaire, il a traité tous les genres; souvent il a réussi. Rappelons en passant, le tombeau en lave du prince Lebrun de Plaisance, dont il a sculpté le buste sur place, et qui se trouve au Père-Lachaise; et signalons le bas-relief du général Poniatowski, dans l'orangerie du château de Crouzol; les tombeaux de MM. Molin et de Grenier, à Riom; la croix de mission de Volvic, à laquelle il a travaillé; à Clermont, la fontaine Delille, qu'il a récemment restaurée. M. Channeboux dirige l'atelier de sculpture le plus important de Volvic, et occupe trente-cinq ouvriers.

Cette école, que M. de Chabrol avait dotée d'une belle collection de modèles en plâtre et de tableaux d'architecture, ne tarda pas longtemps à s'éteindre; mais son utilité avait été reconnue, et un arrêté préfectoral du 4 novembre 1855 en autorisa la réouverture.

La nouvelle école, confiée à la direction des Frères de l'Ecole chrétienne, semble s'être éloignée un peu du but essentiellement pratique de son premier fondateur. Le cadre de l'enseignement a été élargi et la préparation à quelques écoles du gouvernement, à l'admission dans certaines administrations, rentre maintenant dans son objet. Elle n'est pas aussi facilement accessible aux habitants complètement dépourvus de fortune. C'est là peut-être un mal, car le pays ne peut en profiter d'une manière aussi directe.

Grâce cependant au Conseil général du département, les bâtiments nouvellement reconstruits, pouvant recevoir des élèves pensionnaires, facilitent l'entrée d'élèves étrangers à la commune.

Espérons donc voir les résultats de ce nouvel enseignement, que le petit nombre d'années écoulées depuis la fondation n'ont pas encore permis de constater, devenir évidents. On peut tout attendre du reste de l'initiative de M. le vicomte de Lavaissière, maire de Volvic, et l'un des bienfaiteurs les plus éclairés du pays.

L'école compte aujourd'hui environ vingt élèves, tant internes qu'externes. Cinq Frères et un professeur de sculpture sont chargés des cours. L'école primaire est annexée au pensionnat.

CHAPITRE IV.

CONSIDÉRATIONS GÉNÉRALES.

Malgré de nombreux éléments de succès, les progrès de l'industrie de la pierre sont bien lents; les entrepreneurs sont retardés dans leurs constructions par le manque de matériaux. La taille de la pierre, qui était en quelque sorte le monopole de la population, tendrait peut-être à passer en d'autres mains. Volvic cependant est placé dans une position exceptionnelle. Sa proximité des deux villes les plus importantes du département du Puy-de-Dôme : Riom, dont il est distant de six kilomètres; Clermont, qui n'en est éloigné que de dix kilomètres; le chemin de fer de Lyon à la Méditerranée, qui relie ces deux villes aux autres lignes de France, lui assurent des débouchés importants. La population est active. La coulée de lave ne s'est pas encore ressentie pour ainsi dire du travail de plusieurs siècles. Pourquoi ne ferait-on pas de l'extraction et de la taille de la pierre un objet de commerce avec tout le reste de la France ? Pourquoi s'en tiendrait-on à une production insuffisante, même pour les besoins ordinaires du département du Puy-de-Dôme.

Quatre causes principales, selon nous, sont un obstacle à l'accroissement de cette industrie, qui devrait occuper l'un des premiers rangs parmi nous : le défaut d'association, une mesquine rivalité, le manque de capitaux, l'insuffisance des moyens de transport.

Le défaut d'association. Comme on a pu le remarquer, la presque totalité des habitants de Volvic et des villages environnants, est occupée à l'extraction ou à la taille de la pierre. Les enfants ont pour premier jouet un marteau ; pour première promenade, la carrière. Un grand nombre possèdent une cheyre, ou parcelle de carrière, et y travaillent quelquefois seuls, quelquefois aidés par un petit nombre d'ouvriers. Chacun se trouve pour ainsi dire maître ouvrier ; Mais on comprend combien ce travail isolé doit être infructueux. A quoi l'Angleterre doit-elle cette importance commerciale et industrielle qui inquiétait si fort nos manufacturiers français, lors de la loi du libre échange, si ce n'est au principe de l'association ? Les ateliers de Volvic ne comptent guère plus de dix ou quinze ouvriers, beaucoup n'en ont que deux ou trois. Il ne peut y avoir ainsi d'exploitation en grand ; pour élever une construction de moyenne grandeur, il faut souvent avoir recours à plusieurs fournisseurs. De là le manque d'idée première, le défaut de direction, l'impossibilité des grandes entreprises, qui seules permettent de grands bénéfices.

Bien loin d'avoir l'idée d'association, les habitants sont animés par une sorte de rivalité jalouse, qui les porte à baisser leurs prix, dans l'espoir seul de se faire attribuer une commande destinée à un autre entrepreneur. Autant une concurrence raisonnée peut être favorable à l'industrie, en diminuant des prétentions arbitraires, en favorisant une émulation qui ne peut tourner qu'à l'avantage de tous ; autant une pareille envie doit nuire à cet intérêt général, en ne favorisant tout au plus que le consommateur. Telle est la cause de la ruine de beaucoup, tel est peut-être le motif pour lequel on ne voit pas dans le pays de grandes fortunes dues à ce genre d'industrie.

Le manque de capitaux est en quelque sorte une conséquence naturelle d'une pareille situation. Chaque habitant travaille; c'est là le premier capital mis à la disposition de l'homme, mais c'est un travail isolé, et qui ne peut suffire qu'aux besoins de l'existence individuelle. Par l'association les capitaux augmenteraient; ces capitaux versés dans l'industrie fructifieraient à leur tour.

Telle est la marche ordinaire, telle n'est pas celle suivie par les habitants de Volvic. A peine ont-ils réalisé un léger bénéfice, quelques centaines de francs au plus, ils se gardent bien de le faire servir à l'accroissement de leur industrie, mais le destinent à l'achat de quelque parcelle de terre. Chez eux, comme dans tout le reste de la France, la propriété tend à se morceler, et à passer des mains des grands propriétaires dans celles des ouvriers et des cultivateurs.

Au défaut d'association, à cette rivalité jalouse, au manque de capitaux, nous pouvons ajouter l'insuffisance des moyens de transport.

La pierre est ordinairement conduite sur des chars traînés par des vaches ou des bœufs. Ce mode seul peut être employé dans certains cas, les voies de communication dans l'intérieur des carrières étant rares et difficiles. Mais on ne s'en sert pas seulement pour le transport de la carrière à la grand'route. Ce sont des vaches qui amènent la pierre, soit à Clermont même, par la route de Riom, après un trajet de plus de vingt-cinq kilomètres, soit dans les villages voisins, Aubière, Beaumont, etc.; à Billom, à Pont-du-Château; soit enfin du côté de Pontgibaud et des lieux environnants.

On comprend quelle perte de temps, et par suite quelle augmentation du prix de revient, doivent résulter de cet emploi des bêtes à cornes, lorsque l'on songe que le transport seul des carrières à Clermont augmente de plus du quart et par mètre cube le prix de la pierre. Aussi M. Blanqui, dans la relation que nous avons déjà citée, prétendait-il qu'il serait plus économique de paver Paris en pièces de cinq francs, que d'y faire conduire la pierre de Volvic. L'établissement des chemins de fer a, depuis cette époque, remédié en partie à cet obstacle. Il faut donc mettre à profit un pareil progrès.

Nous avons placé en première ligne le défaut d'association. Les entrepreneurs ne pourraient-ils pas se réunir en une société nombreuse, dirigée par quelques-uns d'entre eux, et dans laquelle chacun apporterait une partie de sa fortune, son travail, ses connaissances.

Tous tendant à un même but, la rivalité disparaîtrait, et les bénéfices deviendraient par là même plus importants. Dans l'état actuel, chaque entrepreneur, chaque maître carrier perd un temps considérable pour la gestion de ses affaires; il ne peut pendant son absence surveiller ses ouvriers. Ce sont là deux causes de perte. En ne portant qu'à quatre jours par mois le temps perdu par chaque maître ouvrier, on trouve pour l'année entière plus de sept mille journées improductives, sans compter encore le dommage occasionné par le défaut de surveillance des travaux. L'association effacerait ces inconvénients : les plus capables s'occuperaient des affaires extérieures, et il suffirait pour cela d'un bien petit nombre; les autres dirigeraient exclusivement les ouvriers.

Cette réunion du travail et des capitaux ne pourrait, il nous semble, donner que d'heureux résultats. Il serait du reste facile de faire un appel aux capitalistes étrangers, une telle entreprise devant inspirer une confiance bien plus grande, que beaucoup de spéculations auxquelles cependant ils ne font pas défaut.

La création du chemin de fer de Clermont à Bordeaux, dont il a été question depuis quelque temps, remédierait en partie à l'insuffisance des moyens de transport, surtout si or le reliait à la ligne de Paris-Lyon-Méditerranée. D'après le tracé qui en a été indiqué, ce chemin suivrait la route de Pontgibaud et passerait au pied de la montagne de Tourtelas, un peu au-dessus de Volvic. Une station pourrait être établie à cet endroit, et cette partie de la ligne ne serait pas la moins productive. Non seulement Volvic est un centre important qui pourrait donner un certain nombre de voyageurs; le transport de la pierre de Volvic, la conduite des charbons aux mines de Pontgiband, les voyageurs de cette dernière ville assureraient une recette considérable.

Ajoutons que si le chemin de fer de Clermont à Bordeaux n'était point accordé, il serait urgent d'établir entre Volvic et Clermont un chemin de grande communication. La seule route praticable pour les voitures chargées est la route de Riom et cette route allonge le chemin de dix kilomètres.

La crainte d'étendre trop ce travail ne nous a pas permis de donner quelques détails qui seraient peut-être indispensables. Les idées que nous avons émises peuvent soulever quelques objections. Disons cependant qu'elles sont l'expression des vœux de beaucoup.

FIN.

www.ingramcontent.com/pod-product-compliance
Lightning Source LLC
Chambersburg PA
CBHW060924050426
42453CB00010B/1861